Martha Steinmeyer

# Weihnachtsfenster mit Window Color

CHRISTOPHORUS
BRUNNEN-REIHE

# Inhalt

# Weihnachtsfenster

Weihnachtlicher Fensterschmuck bringt doppelte Freude: Die leuchtenden Farben und bunten Weihnachtsmotive verbreiten nicht nur im Haus Weihnachtsstimmung. Auch Spaziergänger draußen freuen sich am leuchtenden Spiel von Licht und Farbe, an den kleinen Nikoläusen, Schneemännern oder Lebkuchen, die sich an den Fenstern tummeln!

Schon das Malen der Sterne, Tannenbäume, Hirten und Schafe versetzt in weihnachtliche Stimmung. Und dann zu sehen, wie die fertigen Fensterecken, Bordüren oder ganzen Rahmen die Fenster schmücken, Licht und Atmosphäre der Räume verändern!

Mit den Bordüren oder Fensterecken können Sie spielen: Sehen sie schöner am oberen oder unteren Fensterabschluss aus? Wie sieht es aus, wenn verschiedene Bordüren kombiniert werden? Übrigens: Bei vielen der vorgestellten Motive gibt es ein passendes Schmuckmotiv für die Fenstermitte!

Nun wünsche ich Ihnen viel Freude beim Malen und beim Dekorieren der Fenster. Vor allem aber – ein wunderschönes Weihnachtsfest!

Ihre

Martha Steinmeyer

# So gehts

**1** Durchsichtige Folie (Spezialfolie oder Foli aus Polyethylen, PE, oder Polypropylen, PP) über das Motiv legen. Damit nichts verrutscht beide Lagen mit Klebeband fixieren. Sehr gu lässt sich auch auf Prospekthüllen malen: Einfach die Hülle in die Vorlage schieben – nichts kann sich mehr verschieben.
Zuerst alle Konturen nachzeichnen, direkt aus der Tube oder mit dem Airliner. Dabei di Spitze etwas anheben, Farbe herauslaufen lassen und den Farbstrang an den Linien entlang „ziehen". Farbe mit gleichmäßigem Druck auftragen und darauf achten, dass die Konturen dicht geschlossen sind. Ungefähr sechs Stunden trocknen lassen.

**2** Flächen mit kleinen, spiralförmigen Bewegungen der Malspitze ausmalen. Darauf achten, dass die Farbe an die Kontur anschließt und die Flächen deckend und satt gefüllt sind. Größere Felder zügig ausmalen, da sonst die Ränder antrocknen und unschön Übergänge entstehen. Bei schwierigen Formen oder kleinen Feldern einen Farbtupfer in die Mitte setzen und die Farbe mit einem Zahnstocher bis zum Rand verteilen. Luftbläschen mit Zahnstochern aufstechen. Nac dem Trocknen, etwa 24 Stunden, werden die Farben transparent und leuchtend. Das Bild kann von der Malunterlage abgezogen und selbsthaftend am Fenster angebracht werder

# Tipps & Tricks

- Viele Motive sind großflächig. Sie lassen sich gut auf speziellen Malunterlagen (Größe 60 x 44 cm) arbeiten, die im Fachhandel erhältlich sind.

- Konturen immer von innen nach außen oder von links nach rechts auftragen, damit man sie nicht versehentlich selbst verwischt.

- Die Farben können auch ohne trennende Kontur direkt nebeneinander aufgetragen werden, ohne dass sie ineinander fließen.

- Achtung beim Auftragen von weißer Farbe: Die angrenzenden Felder erst ausmalen, wenn das Weiß völlig getrocknet ist. Weiß nimmt leicht die Farbe der anderen Felder an.

- Farben kann man direkt auf dem Farbfeld mischen: mit einem Zahnstocher ineinander ziehen (Marmoreffekt) oder ganz vermischen.

- Glitzereffekte erzielt man durch Aufstreuen von Flimmer, Glitter oder kleinen Glasperlen.

- Malen von kleinen Details: Zuerst das Farbfeld mit der Grundfarbe füllen, trocknen lassen. Danach Punkte, Augen usw. auftupfen oder feine Linien mit Konturenfarbe ziehen. Für kleine Sterne einen Farbtupfer auftragen, Sternzacken mit Hilfe eines Zahnstochers nach außen ziehen.

- Feine Linien und Punkte nach dem Trocknen mit Lackstift einzeichnen.

- Übermalte Konturen mit einem Lackstift nachzeichnen.

- Ungleichmäßige Konturen mit einem Zahnstocher oder Wattestäbchen begradigen, solange die Farbe noch feucht ist.

- Nach dem Trocknen und Ablösen kann die Kontur am äußeren Rand mit einer Schere begradigt werden.

- Farbfelder, die nicht ganz gelungen scheinen, mit einer spitzen Schere herausschneiden und neu malen.

- Ist eine Farbfläche nicht gleichmäßig ausgemalt, auf die völlig trockene erste Schicht eine zweite auftragen.

- Getrocknete Motive nicht aufeinander legen, sie kleben zusammen. Immer eine Schicht Folie dazwischen legen.

- Niemals ein Motiv vom kalten Fenster ablösen. Es könnte zerreißen. Einfach mit dem Föhn erwärmen.

- Auch bei Sonneneinstrahlung lassen sich Motive schwer abnehmen. Am besten warten, bis die Sonne weg ist.

# Motive anpassen

## Lebkuchen

**Konturen**
- Weiß
- Schwarz
- Rot transparent

**Farben**
- Schwarz
- Himbeere
- Bernstein
- Nougat
- Weiß

**Sonstiges**
- Glasperlen in Rot

**Vorlagen**
A1 - A2

*Die Lebkuchen sind auch als Bordüre hübsch. Einfach die Ecke weglassen.*

### Anpassen durch Kopieren

Die einfachste Möglichkeit, die Größe der Motive zu ändern: Die Vorlagen beim Kopieren vergrößern oder verkleinern. Vorsicht jedoch beim Verkleinern: Bei einigen Motiven werden dann die Farbfelder zwischen den Konturen zu klein.

### Anpassen durch Verlängern

Viele der Bordüren oder Rahmen lassen sich einfach verlängern, indem Sie die Vorlage unter der Malunterlage weiter rücken und dabei auf den richtigen Abstand achten: Das Patchwork-Muster jeweils um ein Quadrat verlängern, bei den Weihnachtsbäumen weitere Bäume dazu malen, bei den Schneemännern die Linien des Rahmens verlängern. Bei einigen Motiven, z. B. Sterne, Hirten, Lebkuchen, sind auf dem Vorlagebogen die Verlängerungssegmente mit einem gepunkteten Rahmen gezeichnet. Diese Teile können immer wieder aneinander gelegt werden und verlängern die Borte in der Mitte. Randabschluss oder Ecke bleiben unverändert.

### Anpassen durch Hinzufügen

Bei einigen Motiven können beliebig viele der separaten Einzelteile zwischen den Eckmotiven angebracht werden, z. B. Sterne beim Bären, Lebkuchen und Äpfel beim Nikolaus, Schneeflocken beim Schneemann.

## Schnee-flocken

### Konturen
- Weiß
- Blau transparent
- Flitter-Silber
- Farblos transparent

### Farben
- Weiß
- Schneeweiß
- Frost
- Kristallklar
- Saphir
- Glitzer-Silber

### Sonstiges
- Flitter in Silber
- Glasperlen in Klar

### Vorlagen
B1 - B3

*Einzelne Kristalle oder Blätter zwischen die Fensterecken setzen und ein lockerer, filigraner Rahmen entsteht.*

## Hirten

**Konturen**

- Blau
- Schwarz
- Weiß
- Grün transparent

**Farben**

- Samtblau
- Hellblau
- Rosé
- Blauviolett
- Türkis
- Citron
- Bernstein
- Nougat
- Cognac
- Weiß irisierend
- Weiß
- Schwarz
- Apfelgrün
- Blattgrün
- Grasgrün
- Hautfarbe

**Sonstiges**

- Lackstift in Rot

**Vorlagen**

C1 - C3

## Tannenbäume

**Konturen**
- Grün transparent
- Rot transparent
- Blau transparent

**Farben**
- Glitzer-Rot
- Glitzer-Silber
- Saphir
- Grasgrün
- Frost

**Sonstiges**
- Flitter in Silber

**Vorlagen**
D1 - D2

## Handschuhe

### Konturen
- Schwarz
- Weiß
- Rot transparent
- Blau transparent

### Farben
- Citron
- Signalrot
- Grasgrün
- Saphir
- Weiß
- Frost

### Vorlagen
E1 – E3

## Weihnachtsbären

**Konturen**

- Schwarz

**Farben**

- Bernstein
- Signalrot
- Citron
- Apfelgrün
- Holunder
- Saphir
- Pfirsich
- Schwarz
- Weiß

**Sonstiges**

- bunte Deko-Sterne

**Vorlage** F

*Mit dem bunten Sternenbogen lässt sich das Motiv jeder Fenstergröße anpassen.*

## Herzen

**Konturen**

- Rot transparent
- Grün transparent
- Schwarz

**Farben**

- Glitzer-Grün
- Glitzer-Rot
- Glitzer-Gold
- Erdbeer
- Strohgelb
- Saphir
- Kristallklar

**Vorlagen**

G1 - G2

## Nikolaus

**Konturen**

- Schwarz
- Weiß
- Rot transparent

**Farben**

- Weiß
- Schwarz
- Weiß irisierend
- Himbeere
- Strohgelb
- Apfelgrün
- Grasgrün
- Blattgrün
- Nougat
- Pfirsich
- Siena
- Bernstein
- Hautfarbe
- Frost

**Sonstiges**

- Flitter in Gold

**Vorlagen**

H1 - H2, A2

# Schnee-männer

**Konturen**

- Weiß
- Schwarz
- Blau transparent

**Farben**

- Türkis
- Ocean
- Blauviolett
- Holunder
- Brombeer
- Orientblau
- Siena
- Himmelblau
- Frost

**Vorlage** J

## Patchwork

### Konturen

- Blau transparent
- Rot transparent
- Schwarz
- Flitter-Gold

### Farben

- Glitzer-Gold
- Glitzer-Grün
- Saphir
- Strohgelb
- Apfelgrün
- Nougat
- Himbeere
- Weiß
- Bernstein
- Schwarz

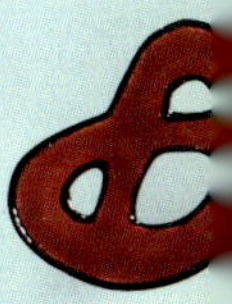

### Vorlagen

K1 - K2

*Für einen Rahmen viele Quadrate aneinandersetzen oder das Sternenband von einer Ecke zur anderen führen.*

## Winterzeit

**Konturen**
- Weiß
- Schwarz
- Rot transparent
- Blau transparent
- Grün transparent

**Farben**
- Weiß
- Pfirsich
- Citron
- Glitzer-Diamantblau
- Fuchsia
- Signalrot
- Grasgrün
- Schwarz
- Nougat

**Vorlagen**
L1 – L2

*Mit den Schnee-flocken einen Rahmen gestalten oder über das ganze Fenster verteilen.*

## Sterne

### Konturen
- Flitter-Silber
- Weiß

### Farben
- Samtblau
- Weiß
- Crystal
- Strohgelb

### Sonstiges
- Flitter in Silber

### Vorlagen
M1 - M3

*Der große Rahmen lässt sich leicht in eine Bordüre verwandeln: Einfach auf die Ecke mit dem Stern verzichten.*

# Im Wald

**Konturen**

- Grün transparent
- Blau transparent
- Schwarz
- Weiß

**Farben**

- Glitzer-Grün
- Glitzer-Silber
- Nougat
- Bernstein
- Saphir
- Citron
- Frost
- Weiß
- Schwarz

**Vorlagen**

N1 - N2

## Impressum


ISBN 3-419-56179-2



**Textredaktion:**
Ursula Brunn-Steiner, Wiesbaden

**Styling und Fotos:**
Christoph Schmotz, Freiburg

**Covergestaltung und Layoutentwurf:**
Network!, München

**Coverrealisierung:**
smp, Freiburg

**Produktion:**
Carsten Schorn, Merzhausen

**Druck:**
Freiburger Graphische Betriebe

Wir sind für Sie da, wenn Sie Fragen zu AutorInnen, Anleitungen oder Materialien haben. Und wir interessieren uns für Ihre eigenen Ideen und Anregungen. Faxen, schreiben Sie oder rufen Sie uns an. Wir hören gerne von Ihnen!
Ihr Christophorus-Verlag

***Christophorus-Verlag GmbH***
***Hermann-Herder-Str. 4***
***79104 Freiburg***
*Tel.: 0761/ 27 17-0*
*Fax: 0761/ 27 17-3 52*
*oder e-mail:*
*info@christophorus-verlag.de*

# Profi-Tipp der Autorin

## Verkleinern und Vergrößern

Nicht alle Fenster sind gleich groß. Sie können aber alle in diesem Buch gezeigten Einrahmungen, Bordüren und Eckmotive ganz einfach Ihren Fenstern zu Hause anpassen. Mit Hilfe eines Kopierers lassen sich die Vorlagen problemlos vergrößern oder verkleinern. So können Sie Ihr Lieblingsmotiv für das große Wohnzimmerfenster, das kleine Dielenfenster und den Spiegel im Schlafzimmer malen.